BÖHMISCHE GEDICHTE/
BÖHMISCHE GESCHICHTE

Gedichte von 1919-1931

aus dem Schloss Wekelsdorf/ Teplice nad Metuj

BÖHMISCHE GEDICHTE/

BÖHMISCHE GESCHICHTE

Gedichte von 1919-1931 aus dem Schloss

Wekelsdorf/ Teplice nad Metuj

von

Gertie Hampel- Faltis

Herausgeberin: Beate Baron

Diese Sammlung ist eine Auswahl der Gedichte aus der Zeit von 1918 bis 1929.

Erstmalig 1931 gedruckt bei Frankenstein & Wagner in Leipzig.

Bibliografische Information der Deutschen Nationalbibliothek:
Die Deutsche Nationalbibliothek verzeichnet diese Publikation in der Deutschen Nationalbibliografie; detaillierte bibliografische Daten sind im Internet über www.d-nb.de abrufbar.

2.Auflage2022

Herstellung und Verlag: BoD – Books on Demand GmbH, Norderstedt

ISBN 9783754337523

In Erinnerung an meine Großmutter, meine böhmischen Familie und meine Mutter, die mit 16 Jahren aus dem böhmischen Paradies vertrieben wurde.

Hinter dem Schloss 1901: v.l. Augusta Hoser, Karl Hoser (Großeltern), Fritz jun. Faltis, Jutta Faltis, Gertie Faltis

Vorwort

Viele Jahrzehnte schlummerte der Gedichtband meiner Großmutter Gertie Hampel- Faltis „Das große Rauschen" in der Nachttischschublade ihrer Tochter Renate Hampel, meiner Mutter, und geriet so in Vergessenheit. Nach dem Tod meiner Mutter letztes Jahr am 1. September und der damit verbundenen traurigen Wohnungsauflösung fand ich ihn dort liegen: abgegriffen, die Seiten z.T. stark beschädigt und der Einband zerfleddert. Zeichen dafür, dass meine Mutter wohl immer wieder die wirklich schönen Gedichte ihrer Mutter, der sudetendeutschen Dichterin Gertie Hampel- Faltis gelesen hat. Für eine Verbreitung oder eine erneute Veröffentlichung hatte sie aber keine Kraft.

Dies möchte ich nun tun. Diese schönen Liebes- und Heimatgedichte kommen direkt aus dem Schloß Wekelsdorf, aus dem heute bei vielen Touristen so beliebten Teplice nad Metuji. Viele wandern in dem herrlichen Felsen, klettern dort, fahren Ski, Mountain bike und vieles mehr.

Vor über 100 Jahren lebte meine Großmutter dort mitten im Dorf. Dort schrieb sie ihre Gedichte, dort arbeitete sie, lebte und liebte sie. Wenn man heute ihre Gedichte liest, verwischt die Zeit, man hört die gleichen Geräusche wie sie damals, man sieht die gleichen Naturphänomene wie sie, man erlebt die gleichen Jahreszeiten! Kurzum, man liebt das gleiche Stück Erde wie sie: das böhmische Paradies!

Die Enkeltochter

Beate Baron

Bad Oeynhausen
März 2021

Anlitz der Welt

Anlitz der Welt, das neu sich mir enthüllt.
Von Liebe, Liebe bist du ganz erfüllt.
Kein Kampf, kein Leid, das nicht aus Liebe quillt,
kein Schmerz und keine Not, die nicht durch Lieb gestillt.

Gertie Faltis, 1911

Der Weg des Wandrers

Duft der späten Wiesen säumt den Weg,
Himmel überstrahlt ihn,
Grillen geigen Takt dem Schritt des Wanders.

Ach, der Tag war lang, die Sonne schwül.
Weißer Wetterwolken Gipfel drohten schattend nahe,
Donner grollte, Wind sprang wild heran
und des Regens feuchte, laue Schwingen
streiften Stirn und Haar.

Manchmal hat der Mund dunkle Schollen angerührt
im Niedersinken...
                    Doch dann
grüßte Kinderlachen, Menschen winkten fern
zu dem einsam Schreitenden herüber.

Jetzt, von Abendwolken rings umkränzt,
höht sich überirdisch klarer Himmel.
Wind, der Tänzer, flügelt seinen Schritt
und die Wiesen, später Blumen voll
leiten süßen Dufts, des Wandrers Weg.

Erweckung

Der gelben Wintersonne karge Gnade
hat mich berührt. O mein Herz!
Wunderstilles Herz. Frorst du? Starbst du?
Ach nein, du begannst zu zittern, zu atmen
im schrägen Lichte. Die Baumgebilde warfen Schatten
auf deinen erblindeten Spiegel
und der blaue, klare Himmel beschwor deinen Atem,
schlug deine Eisflächen durch.
Nun blinken die lebendigen Wasser, nun öffnen sich wieder
die erstarrten Ohren, ahnen Vögel und Laub, Regen und
Wind--
nun flattern wieder die eingefalteten Schwingen,
weiten sich, o so weit und groß!
Und wollen mich wieder tragen
über die Erde hinauf in den Himmel!

Der gelben Wintersonne Gnade hat mich berührt.

Der Morgen

Am Himmel steht noch bleich der volle Mond,
da doch im Osten mählich schon verblasst
der Morgenstern, der leuchtend dort gethront.
Ein kühler Hauch, abschüttelnd alle Last
der Nacht, die im Geschöpfe wohnt,
erwacht und eilt voraus dem fernen Gast
des jungen Tages! Nebelduft umhüllt
wie leises Lächeln ihn, und sanft erfüllt
vereinzelt Vogellaut das Dämmergrau.
Erschauernd und köstlicher Gewißheit bebt.
Die Erde, da sie feucht sich kränzt im Tau.
Des Morgensternes Glanz ist längst verschwebt,
und immer klarer wird des Himmels Blau.
Ein Krähenschwarm nur, eilig rudernd, strebt
fort von der goldenen Sonne erstem Speer
und plötzlich--- ist die Welt ein Flammenmeer.

Frühlingswiese

In dem grünen, bronzegoldnen Leuchten
steht der weiche, sammetdunkle Schatten
fernen Wälder...
und das zarte Glitterwerk der Äste hoher, ernster Bäume
ruht darauf.
Leise wogt das feine Gras im Winde,
der mit leichten Füßen drüber tanzt
und mit goldnen Vogelliedern spielt.
Weiße, rosenköpfige Blüten liegen
sanft in diesemgrünen Meere.
Selten nur hebt eine
ihr beglückendes, ahnungsloses Lächeln
in das Licht.
        Später erst erwachet
mit dem heißen, tiefen Schein der Strahlen
das bewußte, schrankenlose Glück
in des Löwenzahnes gelbe Sonnen,
deren Feuerschein das Grün verdrängt.
Aber immer treibt die Luft noch Schmetterlinge,
licht und hell wie Blumenblätter, her--
Ist`s noch früh im Jahre? Oder Sommer schon?
--Wie der Kuckuck leise lockend ruft!

Ach mein Herz ist selbst die Frühlingswiese,
ist so hell,
so von Erwartung voll,
und birgt Knospen, die sich weit öffnen wollen;
alles ist noch zart, und weich die Farben,
bunte Sehnsuchtsfalter schweben drüber hin.

Selten nur, schwingt in entfernten Stimmen
halb verhaltne Kraft,
und wie dort, der Tulpen rote Flammen,
so entbrennt wie eine frühe Fackel nahen Sommers
ein verborgner, unerklärter Wunsch in mir.

Marienabend

Nun wird es Abend. Ferne Drosseln singen
den Tag zur Ruh. Still sind des Dorfes Straßen
geworden,--nur spielende Kinder lassen
verstecktes Lachen noch herüberklingen.

Die Jauchzer letzter Schwalben, die sich fingen,
ersterben schon, und leise durch die Gassen
entfernt sich Hufschlag...Flieder neigt die blassen,
zartlila Dolden, süße Düfte dringen

wie goldne Strahlen durch die warme Luft.
Die Winde schlafen, nur das Wasser singt.
Mein Herz hängt voller Lieder-- und voll Weinen.

Verspätet brummen Bienen durch den Duft,
des Maienabends. Jedes Licht ertrinkt
in tiefem Blau, bis spät die Sterne scheinen.

Wir wollen wieder über Wiesen gehen

Wir wollen wieder über Wiesen gehen
in weißen Kleidern und einfachen Herzens sein.

Wir wollen wieder über Wiesen gehen
uns an den Händen führend am Rand der kleinen Bäche.

Wir wollen wieder über Wiesen gehen
und bei den Frühlingsblumen niederknien
im jungen Grase...

Wir wollen wieder über Wiesen gehen...

Im Schwimmen

Die Welle plätschert kühl und hell an Kinn und Arm vorbei,
Das Wasser liebt und steichelt mich -- der Sommer bläst
Schalmei.

Zwei weiße Falter haschen sich im Blauen über mir.
Die Fluten heben, tragen mich weit fort von mir und dir.

Ich denke nichts und treibe hin von Sonnengold getränkt,
die Seele weit und voller Lust mit Glück und Glanz
beschenkt.

Warnung

Hochsommerglanz. Der Wiesen Duft, die Lindenblüte füllt
die Luft
mit heller Süßigkeit.
Die bunten Blumen an dem Rain
verglühen in der Sonne Schein.
Sei still, es schläft die Zeit.

Nur über Wiesen taumelt sacht
ein weißer Falter. Ferne lacht
ein Specht im dunklen Wald.
Am Horizonte steigen schwer
die Wolken. Schatten drohen her.
Bald ist es Herbst, bald, bald!

Du fühlst nicht wie die Zeit verrinnt.
-- noch stört die Sommerglut kein Wind--
doch Stund`um Stunde geht.
Der Grillen Zirpen mißt die Zeit,
bis dann trotz aller Seligkeit
die Rosen sturmverweht,

entblättert vor dir stehn. Das Licht
verblaßt, die Nebel fallen dicht,
nach einer kurzen Nacht!
Ach, wie ein rascher Tag entflieht der Sommer. Auch das
Leben zieht
so schnell. Gib acht! Gib acht!

Der dunkle Strom

Ach, aus meines Innern nächtlich dunklem Grund,
quillt ein Born,
ferne höre ich das rätselhafte Rauschen
durch die Nacht.
Oft nach schrillen Tagen, da voll Heimverlangen
und voll bittrer Lust und schwerer Sehnsucht
meines Herzens irre Schläge nach dir klangen,
beuge ich mich in die Nacht hinab.
Aus dem Abgrund tönt des steten Stromes Fluten
leise her,
tief erglänzen goldne Sterne, Wünsche, Träume
und vergehn.
Ach, ich weiß, verborgne Purpurrosen blühen
einmal in den schwarzen Wassern auf,
Flammen würden lohen, Freudenfeuer glühen,
wenn dein Herz sich meinem neigen wollte!

Einweihung

Wie wenig braucht die Liebe um zu leben!
Ein Blick der Augen, kurzer Druck der Hand--
sonst nichts als deines Herzens leises Beben,

ein jäh Erschauern, das du nie gekannt,
das dich befällt in Angst und Glück zugleich,
und deine Kräfte übermächtig bannt,

läßt dich erkennen: jenes ewge Reich hat seine Pforten dir
nun aufgetan.
Du gehst auf Blumenrasen, sanft und weich,

die Sterne wichen aus der alten Bahn,
die Himmel glühenblau und gold und rot--
und du begreifst: es wäre irrer Wahn,

dies Reich zu lassen anders als im Tod!

Wie eine Traube

Bis heute wußte ich nicht, was Liebe ist,
denn sie ist so, daß man sich selbst vergißt,
sich lächelnd aufgibt. Eines wünsch ich nur:
von deiner Hand zu sterben schönster Tod.

Wie eine Traube, feurig, süß und rot
von schwerem Saft bin ich der Liebe voll.
O nimm mich und keltre mich zu klarem Wein!
Ich will ja nichts, du weißt Geliebtester,
als nur ein Trunk auf deinen Lippen sein!

Trennung

Tagsüber habe ich gescherzt, gelacht--
doch nachts geschrien wie ein verwundet Reh
und tausendmal, aus leisem Schlaf erwacht,
den Namen dein gestöhnt in Todesweh.
Die kalte Stille meines Zimmers hielt
entgegen mir ihr nächtlich starres Bild
und deines Namens süß vertrauter Klang
verwehte hilflos und versank.

Noch einmal

Es brennt mein Herz von übergroßem Danke,
o Gott, daß noch einmal du meine kranke,
totmüde Seele hell entzündet hast!
Daß noch einmal du lichten Glückes Last
auf meine Schultern legst. Ach, überirdisch scheinen
mir deine Sonne, und die Vollmondnacht
mit warmer Luft und weißer Sternenpracht!
Des Meeres heilig ernster Nachtgesang
erweckte wieder mich zu Antwortklang,
noch einmal darf ich Schmerzenstränen weinen,
noch einmal legst du junger Liebe Glanz
füllst mein Herz, daß es dir tönt,
durch jenes letztes Sakrament versöhnt
dir Dankesworte findet ohne Zahl
für dieses große, reiche Nocheinmal!

Gertie mit Kurt beim Silvestertanz

Sommer

Mein Blut singt rote Lieder
höre ich deinen Schritt:
meine Blicke fallen nieder
wie Ähren bei dem Schritt.

Die bleichen Gedanken starben
vor dem Klang deines Schrittes hin;
ich weiß, daß wie die Garben
so reif und heiß ich bin.

Die Garbe nimm in die Arme! Sie möcht an dir verglühn;
um Mund und Schultern wie warme,
blutrote Rosen dir blühn.

Eine Sonne brennt hernieder,
wie ich noch keine litt;
mein Blut singt rote Lieder
höre ich deinen Schritt!

Die dunkle Straße

Bald werde ich vor einer Pforte stehen,
--verschlossenen Augs---, und eine blinde Macht
wird von zwei Wegen e i n e n Weg mir weisen.

Vielleicht muß ich die dunkle Starße gehen,
die Straße abwärts, die zum Tode führt.

Ich war einsam und ganz allein--
fern alle Menschen, denen ich gelebt.
Wer geht mit mir? Das Leben wirft mich fort!
Ihr! Traute Worte, süße Liebesstunden,
ihr bleibt bei mir, mein einziger Gewinn,
den dunklen Weg wie goldne Blumen säumend,
erhellt mir die Nacht und Todeseinsamkeit!

Ich lese ein Buch, daß dir gehörte

An diesen Seiten ruhte deine Hand
und wandte um Blatt um Blatt.
Aus diesen schwarzen Zeichen kommt dein
Blick
in meine Augen, warm und lebensvoll
Dein Atem rührte diese Blätter an,
ich fühle ihn, als wärst du neben mir.
Und Menschenschicksal, eingepreßt in kurze
Zeilen,
das mich nun anrührt,
ging an dein Herz, daß mir so nahe war.

O Herz, ihr Hände, Blicke tief vertraut,
wie faßt ihr mich mit allzuviel Gewalt,
daß ich, als wärst du selbst,
die Wange lege auf das kühle Buch,
und bei dir bin,-- wie einst.

Geständnis

Ich habe viel geredet,
aber das Eine nicht.
Schamlose Dinge, harte Worte kamen
zwischen meine Lippen, aber nicht Jenes.
Wie meine Glieder auch zittern mögen,
meine Blicke sich verfangen,
ich werde nichts verraten.
Ich muß dämmen, Blicke, Worte, und Beben
meines Körpers,
wenn ich nicht dir nahe stehe oder
den Blick in deine Augen fallen lasse.
Versunkenes Wissen tiefer Gemeinschaft
quillt in mir aufgedrückt und alles schwankt
eine leise Berührung nur
sprengt den Damm.

So darf ich nicht nachlassen zu verbergen
vor den Gedanken, die sich an mich
drängen. Ich darf es selbst nicht verstehen,
daß ich dich liebe,
denn es würde mich auslöschen.

Zwölfnächte

Noch rauscht der Flügel himmlischer Liebe,
noch hellt göttliche Flamme das Dunkel--
Leise verklingt, verschwimmt das Jetzt.
Schon greift wieder Nacht über das Lager
und Schlummer brandet ums Bett.
Da brausen draußen die Winterstürme.
Zwölfnächte!"Liebster?" Du hörst nicht.
Du schläfst. Geheimnisvoll wogt die Nacht.
Ich werde vom Strome erfaßt.—„Liebster?
O nicht allein, nicht immer allein
lasse mich fortfliegen im Wirbel geheimen Geschehens.
Komm mit! Bleib nicht zurück vom Schlaf gefesselt. Komm
mit!" Am Fenster rütteln die Winde
und im Kamin stöhnt, saust die Zeit,
kostbare Zeit! Zwölfnächte!
          Ich stehe plötzlich ruhig,
geborgen im Mittelpunkt, und um mich
fliegt, kreist die Welt. Ich allein still,
still in deinem Arm.
          Da beschwichtigt mich Schlaf.

Autofahrt

Vorwärts.Wir rasen. Wie lang?Und wohin?
Wind singt an den Ohren,
Staub preßt sich ins Auge.
Wir rasen.
Fremder Rausch macht uns selig und trunken.
Warmer Wind brandet ums blanke Knie,
streift unsre Hände.
Menschengestalten, Gesichter, am Rande,
wirbeln vorbei.
Sehnsucht nach Nähe, nach leisem Berühren
legt Knie an Knie; Schulter rührt Schulter
im leisen Gewoge der Fahrt.
Was tut es?

Weiß nicht mehr, wer du bist, neben mir.
Fremder Mensch? Oder längst schon mein Bruder?
Hat uns gemeinsame Fahrt erst geeint?
Neigt sich nicht ewig mein Herz dem deinen?
Aber ich blicke nicht hin, zu dir.
Will nur dein Neben-mir spüren
mit sanftem Druck.
Will nur wissen, wir fahren denselben Weg
und zum gleichen Ziel: vor uns
erglänzt unter hellem Himmel der goldene Paß übern Berg
in den Abend

Anders

Wenn ich singe, klingt mein Gesang traurig und unsicher,
anders als ich singen möchte.
Wenn ich rede, fallen die Wörter schwach und tonlos,
anders als ich will.
Wenn ich tanze, sind meine Füße beschwert,
anders als mein flüchtiger, leichter Sinn befiehlt.
Wenn ich übers Eis gleite, bin ich nicht so flink,
wie mein Körper weiß, schnell und vogelleicht zu sein.
Wenn ich aber liebe, dann liebe ich so,
wie ich muß, wie ich will, wie ich bin.
Du weißt es!

Kurt Hampel

Reinigung

Ich bin aus meinem eigenen Haus getreten.
Die Tür schlug zu.
Nun bin ich fremd in der Nacht.
Bäume, Rauschen und Sterne
kann ich nicht deuten, wie vormals.
Mauern wuchsen um mich, verdeckten den Blick
auf Himmel und Wiesen.
Menschenstimmen und Gesten kreisten mich ein.
Nun stehe ich allein--
Abfielen Schall und Bild, blieb nur die Gestalt.
Rufen will ich, will Antwort wecken,
doch die Stimme verklebte der Rauch hustender Männer.
Trübes Gift drang in Augen und Herz!
Alles beschmutzt und zertreten vom nahen Leben mit
Menschen.
Meine Brüder: die Pflanzen und Tiere
versteh ich nicht mehr.

Nun muß ich gehen um Buße und Reinigung,
fort von den Menschen, muß die Tür wiederfinden in mein
Haus,
um heimzukehren in Gott und Welt!

Die Dornenkrone

Das war kein Blütenkranz, war eine Krone
von Dornen, o mein Gott, die du um Stirn
und Schläfen deinem Kind gelegt!
Doch deine Gnade reichte sie mir hin.
Ein Blütenkranz verwelkt, sein Duft verweht,
vergänglich Zeichen irdischen Gewinns.
Die Dornenkrone aber aber unvergänglich krönt
dies sterblich Haupt und über Wandel hebt
der tiefste Schmerz das flüchtige Gefühl.

Ich danke dir, mein Gott! Und wenn ich oft
in Feigheit und in Qual verzweifelt war,
vergib mir! Niemals mehr wird Klage fließen
von meinen Lippen, da die Dornenkrone
den Plattz zu deinen Füßen mir erwarb.

Ahnung

Manchmal könnt ich mich erfassen--
leichte Schleier nur dämpfen den Sang fremder Gewalten,
die mich bewegen, tragen und erklingen lassen,
hüllen den Sinn verworrenen Schreitens.
Greifbar nah treten ferne, unbekannte Gestalten.
Jetzt, jetzt!
      Neue Qual des Entgleitens,
überflutet von Alltag, Türenklappen und Worten.
Ist es nicht als ob mich etwas riefe?
Hinlauschend über erstickten Quellen,
entscheucht dem Wahntraum endlichen Greifens,
aufzuckt mir Gewißheit einer Welt des Reifens
und einer großen dunkel-hellen
Welt der Wahrheit, Welt der Tiefe!

Ergebung

Vielleicht ist alles irrig, was ich will.
Mein Streben ist zu klein, mein Ziel zu nah,
daß alles, eh`ich`s fasse mir zerbricht,
daß ich nichts halten darf, was fern ich sah
als Ziel, um das mein Opferkranz sich flicht.
Vielleicht ist alles irrig, was ich will;
den großen Glauben will ich niemals lassen,
daß alles gut ist, so wie mir geschieht!
Kann ich den Sinn der Leiden auch nicht fassen,
ich will nicht denken, daß mein Weg mich flieht,
will glauben: Irrig ist nur was ich will,
und habe ich das rechte Ziel gefunden,
 so wird mir auch Gewinn, Besitz zuteil
und mag zu wahrem Sein die Seele runden,
Dem, der um sich bangt, wird es nie zuteil.
Ergebung macht das enge Herz mir still.

Zuspruch in schweren Stunden

Die schöne Welt ist dir nicht klar,
weil trübe deine Augen sind,
und Glück und Freude sind nicht wahr
Dein enges Schicksal macht dich blind.

So tief ist jeder Augenblick,
als du dir selbst ihn gräbst und fühlst;
so schwarz das Leid, das dich umgibt,
als du dein Haupt hineinverwühlst!

Blick auf: rings Weite, Tiefe, Welt!
Schlürf dich hinein, schwing dich hinauf!
Des Glückes goldner Sternenhauf
in deine offenen Hände fällt,
er glüht, er glimmt.
Und endlos strömt die Zeit.
Dein Herz im Sang der Welt vernimmt
den Ton der Ewigkeit!

Die Brücke

Über mir donnert Geschick,
unten strömt das Geschehen,--
ich, zwischen beide gespannt,
ein Bogen des Lebens.

Aus dem Dasein, der dunklen Erde,
empor in beschwingte Luft
steige ich auf!
Licht umspült, zur Sonne gerissen
fühl ich Gewicht meines Ursprungs.
Last meiner Glieder.
Spannung allein, die mich hält
und trägt zwischen den Polen:
und niederzwingt!
In gleitendem Bogen, Einsicht und weiser Beschränkung,
hinab zur Quelle der Kraft, zur Erde!

Auf mir hinüber, meinem Weg,
geht das Geschöpf zwischen Himmel und Erde,
zwischen Licht und Dunkel,
geformter Geist, erdgebundene Seele,
auf ewiger Brücke.
Über mir donnert Geschick,
unten strömt das Geschehen,
ich zwischen beide eingespannt
bin lebendiger Bogen.

Zu höheren Kreisen

I.
Auf ewig dein zu sein beschwor ich!
Und doch, im Kampf um mich, wie oft verlor ich!
Wie oft war fremder Liebe Spende mein,
und doch-- im Tiefsten blieb ich immer dein,
denn sieh, so wie in ihrem Kelch die Blüte,
das Lied in Vogelskehle, so ruhe ich in deiner Güte;
entquelle ihr,
und bin doch niemals anders als in dir.

II.
Und schiene doch, daß ich dich so verlor.
wir fanden uns immer in neuer Weise,
so wie aus abgestreifter toter Form empor-
der Falter fliegt, so steigen wir zu höherm Kreise.

III.
Und immer, wenn ich neu in dich versank
(So wie die Welle niedersinkt im Meer)
empfand ich: von dir Fernsein schmerzhaft schwer
und alle andre Bindung lau und leer.
Je mehr ich mich der wirren Welt entrang,
in klare Welt, Höhe und Tiefe drang,
so mehr du mich gewannst, ich dich errang.
Unklarheit, Schwankung langsam mir versank.

Gebet

Einmal schon streifte mich furchtbarer Wind,
einmal--
Doch noch nicht reif, nicht bereitet genug war mütterliche
Erde.
Ahnend, zitternd, erwartend
ruf ich um Gnade:
Herr! Den furchtbar Wind, den warmen, erfüllenden Regen
schicke deiner Erde! Sprich:
„Frucht tragend, gesegnet soll sie sein!"

Die Mutter denkt

Klingend tropft die Zeit aus meiner Uhr,
durch das Zimmer wandert goldne
Sonnenspur,
Blumen blühn auf meinem Tisch,
andre welken ab, die gestern frisch.

Kleine Menschenknospe, du mein liebes
Kind, wie wir beide tief verwoben sind
mit der Sonne wandern und der Blumen
Aufblühn und Vergehn,

fühl ich heut noch unsern Atem ineinander
wehn,
deine Knospe doch mit jedem Nu
blüht und neigt dem Leben zu,
während unaufhaltsam rinnt die Zeit
welket langsam ab der Mutter irdisch Kleid.

Gertie und Renate 19

Verspätete Sommerseligkeiten

Noch einmal, eh die rauhen, kalten Winde
die Nacht durchtoben, und den kurzen Tag
mit Weinen füllen, einmal noch geht linde

der Luft Gefächel. Nur im Sommer lag
des Himmels blaues Auge so voll Licht
wie heut! Es fehlt nur heller Lerchenschlag.

Der Silberton, mit dem die Birke spricht
und flüstert, ist wie süßer Maienklang,
die weißen Wölkchen sind im Sommer nicht

so leicht wie diese.-- Aber heimlich drang
ein schweres Gold in alle vollen Farben,
fließt durch die Bäume, strahlt in Kuppeln
blank

und klar: in breiten, leuchtend blauen Garben
durchströmt der Himmel diese Herrlichkeit.
Von Blättern nur, die rot am Boden starben,

steigt Moderduft. Der Winter ist nicht weit.

Herbstflammen

Nun hat der Herbst die stillen, wunderbaren
tiefblauen Augen endlich aufgeschlagen.
Noch steht ein Glanz von schwülen
Sommertagen
darin, doch in der Luft zartbunten, klaren

Gespinsten ist ein Fremdes. Niemals waren
die Farben heißer. Gladiolen tragen
an ihrem Schwert das Blut der Liebe. Sagen
die roten Blätter, die herniederfahren.

etwas vom Sterben? Immer schöner reifen
erfüllungsreicher werden all Stunden.
Libellen glänzen, und wie Silber wehen

ins dunkle Blau die Bäume. Winde greifen
die letzten Falter auf, die sie gefunden,
und alles brennt, als sollte es vergehen.

Herbstliche Rast

O diese Tage des stillen Verglühens!
Winde haben sich müde gelaufen,
Sonne hat alle Glut vergossen.
Nichts mehr von Gären, Begehren und
Wachsen.
Angeschwollen zu goldiger Fülle der Blüten
Drängen,
alle Bäche zum Strom gesammelt,
der breit in fruchtbarer Ebene glänzt:
nun, während eines Flügelschlags Dauer:
Einhalt und Stille!
Endlich rastest auch du und sinnst.
Vorwärts? Rückwärts? Nein! Gegenwart.
Ehe die Winterstürme letzte Farben zu
Boden reißen
und den Vorhang von Nebel und Regen
vor Gottes irdischen Garten ziehn.

Abend

Die Abendglocken tragen sanft den Tag
in fremde Fernen fort mit jedem Schlag.
Im Osten steigt die blaue Nacht herauf,
die Winde breiten Teppich ihren Lauf.
Der Himmel, dunkelnd, weitet sich empor;
die weißen Wolken lösen sich in Duft
und mählich blühet Stern für Stern hervor,
indes von Grillen Zirpen schwingt die Luft.

Des Tages laute Klänge gehen zur Ruh .
Ein später Wagen knarrt dem Dorfe zu,
ein leises Hundebellen-
                    Golden gleitet nun
der Mond in dunklen Wald.

Auch du wirst still und läßt dein irres Tun,
verworrenes Sein formt klar sich zu Gestalt
Voll Ruhe rundet sich des Herzens Dom,
in leisen Wellen flutet nur der Strom
des Blutes. Drin erglänzen sternengleich
Klarheit und Frieden. Fromm wirst du und
reich.

Jede Nacht

Still. Nun lösche ich die Lampe
und das Boot gleitet zu dir ans ferne Ufer.
Ich schlafe.
Angelegt mein Boot in deinem Garten,
angelangt mein Herz in deinen Händen.
Nichts sonst.
So allnächtlich sänftigt Traum mein Sehnen
und kränzt meinen Schlaf.

Im stillen Boot auf nächtlich weitem See

Den rotem Lampion habe ich am Boot
befestigt
und fahre in die Nacht.
Im Wasser fließt das gleiche goldene
Spiegelbild der Ampel,
die Wellen klopfen an des Bootes Wand,
der Windgeht ewig übers Wasser, ewig--
das Schilf rauscht, rauscht.
So rauscht der Sommer hin, indes ich träum
indes mein Boot vom Ufer ferne treibt
auf schwarzen Wellen in die weite Nacht....

Den blanken Mond verschlingt die dunkle
Wolke,
so trinkt der Winter letztes Sommergold,
so trinkt mein Traum das helle Leben ein
so bin ich längst der Freunde Welt entglitten
im stillen Boot auf nächtlich weitem See.

Sapphische Strophen

Silbern ist die Nacht und die Sterne scheinen
fern in kaltem Licht. Ach, ich wollte weinen,
weil ein heller Traum leise ist zerronnen
und nichts mir leuchtet.

Kühl bewegt der Wind meine offenen Haare
und ich fühle, wie die tiefe, wunderbare
Stille dieser Nacht meine Schmerzen sänftigt
und mich erlöst.

Heimat

Du stehst in langer Nacht am stillen Meer
und spähst hinaus. Hart geht der Wind und
schwer. Sturmwolke löscht des Mondes
goldne Kerze,
und: Heimat, Heimat! ruft dein dunkles Herze.

Webt sich aus tausend Funken nicht die
Heimat? Aus feierlichem Klang, den ein
verlorener Reim hat,
aus Wellen Anprall an besonntem Strand,
aus Wolken Flug, aus Distelkraut im Sand?
Hell aus dem ungetrübtem Aug`des Kindes?
Oft reißt ein Wort den lichten Vorhang auf,
der deine Heimat deckt im Alltagslauf.

Verstummt geglaubte Melodien klingen,
versiegt geglaubte Silberquellen springen.
Sieh, deine Seele steigt aus ihrem Grab,
sich öffnend ihres Kerkers rostgefärbte
Gitter, aufsammelt sie die tausend
Spiegelsplitter, in deren Glanz dir Gott die Heimat gab!

Am jenseitigen Ufer

Gleich einer Krankheit, die in ferne, kühle
unbekannte Lande uns, Ergriffene trägt,
des raschen Lebensstrom: Ruf und Gefühl,
uns nicht berührt, und leichte Schleier
schlägt
um unser klares Wissen und Empfinden,--
so hat uns Herbst in seinen Bann gelegt.
Ist`s nicht als ob wir uns genesen finden,
entrückt dem Leben, Sommer, lauen Schall?
Noch unerreichbar jedem Schmerzenshall
träumt unser Herz tief in den wunderbaren
Blauhimmel. Gelbes Feuer flutet überall.

Nichts wissend mehr von Krämpfen, die einst
waren,
ist uns, als wären wir in langen Nächten
nun über einen breiten Strom gefahren,
daß wir der Stürme, Leidenschaften nicht
mehr dächten.

Ist nicht erlahmt des Herzens junge Kraft
an stillem Ufer hier? Aus tiefen Schächten
quoll einst der Jugend bittersüßer Saft.
Wie fern das liegt! Genesungsstille jetzt,
der Herbst und langsam Reifen, Stillewerden
schafft
uns nicht die Qual, die oft das Herz verletzt.

Nachtstille

Versunkene Mondnacht. Alle Stimmen schweigen und über alles spinnt der Silberglanz sein mildes Licht. Die Sterne ziehen funkelnd am Himmel auf, und in den schwarzen Zweigenrauscht leiser Wind und flicht sich einen Kranz aus goldenen Blättern. Jeden Schmerz verdunkelnd

hat diese weiße Mondnacht mich umhüllt. Das sanfte Schlagen der Turmuhr klingt vom Dorfe her, verträumt duch weite Nacht. Mein ganzes Sehnen hat sich jäh erfüllt, geschlossen, wie ein Ring, und nirgends dringt ein Laut zu mir, der einen Wunsch entfacht.

Gertie, Dulla, Augusta, Johanna Faltis im Park

Das große Rauschen

Am späten Abend rauscht noch vor dem Haus des Mähers
Sense durch das Gras, rauscht wie ein Strom, trennt Leben
ab vom Leben.

Und nachts rauscht Wind im dunklen Laub der Bäume,
Nachtvogels Schwingen streifen mit schattenhaften Laut
des Schäfers Stirn.
Des Morgens fließt Zugvogelstrom in grauer Luft
verrauschend in das Licht.

So: tage-, nächtelang, und ewig schwillt das Rauschen um
unser Haus, wie Wasser strömt.

In dieses Rauschen eingebettet strömt das Leben abwärts,
dunklen Gründen zu. Wir wollen stehen und rufen. Doch das
Rauschen tönt über Ruf und Antwort. Leer bleibt Herz und
Leben,

bis endlich sich die Brust dem Rauschen öffnet und
wiederhallt den ewigen Gesang.

Předmluva

Tato sbírka básní mé babičky, paní Gertie Hampel-Faltis „Velký šum", ležela mnoho desítek let uložena v přihrádce nočního stolku její dcery a mé maminky Renate Hampel, a upadla tak v zapomnění. Po smrti mé maminky 1. září loňského roku jsem tam tuto sbírku našla při smutném vyklízení bytu: sbírka byla ohmataná, z části značně poškozená, s potrhanou vazbou. To svědčí o tom, že má maminka skutečně četla tyto nádherné básně své matky, sudetoněmecké básnířky Gertie Hampel-Faltis. K šíření této sbírky či k jejímu opětovnému vydání však už neměla sil.

Toto bych proto chtěla nyní udělat já. Tyto krásné básně o lásce a domově pocházejí přímo ze zámku Wekelsdorf nacházejícího se v dnes mnoha turisty tolik oblíbených Teplicích nad Metují. Mnozí z nich chodí mezi zdejšími nádhernými skalami, slézají je, lyžují, jezdí zde na horských kolech a věnují se mnoha dalším aktivitám.

Před více než 100 lety bydlela uprostřed této obce má babička. Tam psala své básně, tam pracovala, žila a milovala. Když člověk dnes čte její básně, jako by zmizel čas, a je znovu slyšet stejné zvuky a šum, které kdysi slýchávala ona, člověk jakoby viděl stejné přírodní jevy jako ona, a prožíval stejná roční období! Zkrátka, člověk při tomto čtení žije tím kouskem země, kterým žila ona: Českým rájem!

Vnučka

Beate Baron

Bad Oeynhausen
Září 2021

Tvář světa

Tvář světa, která se přede mnou znovu odhaluje.
Jsi láskou, láskou zcela naplněna.
Není boje, není utrpení, které by nepramenilo z lásky,
není bolesti ani obav, které by láska neutišila.

Dulla im Park

Cesta poutníka

Vůně pozdních luk lemuje cestu,
nebe ji ozařuje,
cvrčci udávají rytmus jeho krokům.
Ach, byl to dlouhý den, sluncem rozpálený.
Vrcholky bílých mračen se hrozivě tyčily blízko země,
hrom duněl, vítr divoce dul
a proudy vlahého deště
svlažovaly čelo a vlasy.

Občas se ústa dotýkala temných hrud ornice,
když klesal k zemi...
Pak však
jej zase zdravil dětský smích, lidé mávali z dáli na pozdrav
osamělému pocestnému kráčejícímu k nim.

Nyní, zahaleno podvečerními mraky,
se nad zemí tyčí jasné nebe.
Vítr jako tanečník se vznáší vlajícím krokem
a louky, zcela poseté pozdním kvítím,
naplňují sladkou vůní cestu, po níž kráčí pocestný.

Probuzení

Žlutavé paprsky zimního slunce mě poctily
svými doteky. Ó mé srdce!
Srdce ponořené do nádherného ticha. Jsi prokřehlé?
Umíráš?
Ach ne, začínáš se třást, dýchat
ve zkoseném svitu světla. Siluety stromů vrhaly stíny
na tvé oslepené zrcadlo
a modré jasné nebe prosilo tvůj dech,
a proráželo vrstvy ledu.
Nyní se již třpytí oživlé vody, nyní se znovu otevírají strnulé
uši a vnímají ptáky a šum listí, déšť a vítr...
a složené perutě se znovu začínají třepotat,
natahují se, tak široké a veliké!
A chtějí mne znovu vynést
vysoko nad zemi, až do nebes!

Žlutavé paprsky zimního slunce mě poctily svými doteky.

Ráno

Na nebi dosud ještě visí bledý měsíc v úplňku,
na východě však již uvadá
jitřenka, která tam dosud svým svitem zářila.
Chladný dech, setřásajíce všechnu tíhu
noci, která v člověku přebývá,
budí se a běží vstříc hostu z daleka,
hostu nového dne! Mlha jej zahaluje
jako tichý úsměv, a
hlasy ptáků zlehka pronikají šedavým ranním šerem.
Chvěje se a s nádhernou jistotou se třese.
Země, svlažena a ověnčena ranní rosou.
Svit jitřenky již dávno odplul a zmizel,
a nebeská modř je stále jasnější a jasnější.
Hejno vran se spěšně snaží
uniknout prvním kopím zlatavého slunce,
když tu náhle... svět se proměnil v moře plamenů.

Jarní louka

V zeleném, bronzově zlatém svitu
se tyčí jemný, sametově tmavý stín
dalekých lesů...
a křehká spleť větvoví vysokých zádumčivých stromů
vše zahaluje.
Tiše se kolébá a vlaje tenounká tráva ve větru,
který zlehka nad ní tančí
a pohrává si se zpěvem zlatých ptačích hrdel.
Bílé růžové květy spočívají
měkce v tomto zeleném moři.
Jen tu a tam některý z květů
nechá zaznít svůj obšťastňující a bezděčný smích
ve svitu slunce.
Teprve později se
s horkým hlubokým svitem paprsků
probouzí vědomé bezmezné štěstí
ve žlutých sluncích pampelišek,
jejichž ohnivý svit potlačuje zeleň.
Ve vzduchu se ještě stále vznášejí motýli,
světlí zářiví jako okvětní lístky,
Je to ještě jaro? Nebo už přišlo léto?
Jak kukačka tiše vábivým hlasem volá!

Ach, mé srdce je samo jarní loukou,
je tak jasné,
tak plné očekávání,
a skrývá v sobě poupata, která by se chtěla zeširoka
rozevřít;
vše je ještě křehké, a barvy jemné a měkké,
a nad tím vší se vznáší pestří motýli touhy.

Jen zřídka se ve vzdálených hlasech mihne
tlumený záblesk síly,
a jak tam, červené plameny tulipánů,
jako pochodně blížícího se léta vzplane ve mně
skrytá nevyjádřená tužba.

Mariánský večer

Nastává večer. Z dálky doléhající zpěv drozdů
uspává den. Utichly ulice ve vsi
jen tu a tam
zazní smích hrajících si dětí.

Zvuky posledních vlaštovek honících se ve vzduchu
také utichly, a ulicemi se tiše
vzdalují údery kopyt... Šeříky sklání svá bledá,
nafialovělá okvětí, sladké vůně

jako zlaté paprsky pronikají horkým vzduchem.
Vítr už spí, jen voda zpívá.
Mé srdce je plné radosti ...a plné slz.

Bzukot zpozdilých včel proniká vůní
májového večera. Všechna světla tonou
v hluboké modři, až se nakonec rozzáří hvězdy.

Rádi bychom opět kráčeli loukami

Rádi bychom opět kráčeli loukami
v bílém šatu a s lehkým srdcem.

Rádi bychom opět kráčeli loukami
vodili se za ruce po březích potůčků.

Rádi bychom opět kráčeli loukami
a poklekali u jarních květů
v mladé trávě...

Rádi bychom opět kráčeli loukami...

Při koupání

Vlna šplouchá chladně a jasně o bradu a ramena.
Voda mě objímá a hladí léto
hraje na šalmaj.

Dva bílí motýli se prohánějí v modři nade mnou.
Proudy mě zvedají a odnášejí daleko ode mne samé
i od tebe.

Nemyslím na nic a nechávám se unášet slunečním svitem
zahalena,
s duší naplněnou radostí, štěstím a leskem obdarována.

Gertie im Wekelsdorfer Freibad mit Tochter

Varování

Léto vrcholí. Vůně luk,
 kvetoucí lípy dávají vzduchu
sladký nádech.
Pestré kvítí kolem Rýna
září ve svitu slunce.
Ponoř se do ticha, čas teď spí.
Jen nad loukami se zlehka
třepotá bílý motýl. V dáli se směje
datel v temném lese.
Na obzoru se ztěžka tyčí
mračna. Vrhají výhružné stíny.
Brzy přijde podzim, už brzy!

Necítíš, jak čas plyne.
... letní žár ještě neruší vítr...
avšak hodina za hodinou plyne.
Cvrkot cvrčků odměřuje čas,
když tu, navzdory vší té blaženosti
růže náhle odkvetou,

bez květů stojí před tebou. Letní svit
bledne, padnou husté mlhy,
po krátké noci!
Ach, jak uspěchaný den pomine léto. I život plyne
příliš rychle. Dej si pozor! Dej si pozor!

Temný proud

Ach. Ze dna mého nitra temného jako noc,
prýští studánka,
z dáli slyším záhadný šum
v tichu noci.
Často po rušných dnech, když steskem po domově
a plny hořké a těžké touhy
údery mého srdce zní,
ponořím se do noci.
Z hlubin zní valícího se proudu
tichý zvuk,
z hlubin září zlaté hvězdy, přání, sny
a pak mizí.
Ach, vím, skryté purpurové růže vykvetou
jen jednou v temných vodách,
Plameny by se vzňaly, oheň radosti by vzplál,
kdyby se tvé srdce k mému naklonit chtělo!

Zasvěcení

Jak málo stačí lásce k životu!
Jen pohled, letmé stisknutí ruky....
nic než tichý tlukot tvého srdce,

pouhé zachvění, které jsi dosud nepoznal,
kdy pocítíš zároveň strach i štěstí,
kdy něco nadpozemského spoutá tvou sílu,

a dá ti na vědomí, že ono věčné království ti otevřelo své brány.
Kráčíš trávou posetou květy, jemnou a měkkou,

hvězdy již pohasly na staré hvězdné dráze,
a nebe plane modře, zlatě a rudě...
a ty pochopíš: bylo by čiré šílenství,

opustit toto království jinak než ve smrti!

Jako hrozen

Dosud jsem nevěděla, co láska znamená,
že je to něco, co člověka přiměje na sebe samého
zapomenout,
a s radostí se oddat jinému. Jen jedno si však přeji:
tvou rukou zemřít, krásná smrt.

Jako hrozen, ohnivý, sladký a červený
pln šťávy, jsem já plná lásky.
Ó, vezmi mne a vylisuj ze mě čisté víno!
Po ničem jiném netoužím, však víš, můj nejmilejší,
než být jen kapkou nápoje na tvých rtech!

Rozloučení

Ve dne jsem byla veselá, smála se...
avšak v noci jsem naříkala jako poraněná srna
a tisíckrát se probudila z lehkého spánku,
a sténavým hlasem vyslovovala Tvé jméno ve smrtelné
bolesti.

V chladném tichu mého pokoje
se mi v noci zjevil její strnulý obraz
a Tvého jména sladce známý zvuk
bezmocně odvál a zmizel.

Ještě jednou

Mé srdce hoří obrovskou vděčností,
ó Bože, že jsi znovu nechal zažehnout světlo v mé nemocné
a k smrti znavené duši!
Že jsi znovu položil zářící břemeno štěstí
na má ramena. Ach, nadpozemské se mi nyní zdá
tvé slunce, a noc ve světle úplňku
kdy vane horký vítr a vše zahaluje velkolepá záře hvězd!
Posvátný noční zpěv moře
mě znovu probral k odpovědi,
ještě jednou smím prolít slzy utrpení,
ještě jednou ve mně zažehneš záři mladé lásky
naplňuješ mé srdce, které pro tebe zní,
onou poslední svátostí smířeno
slova mých díků jsou bezmezná
za ono veliké a velkolepé Znovu!

Léto

Má krev pěje červené písně
slyším tvůj krok:
mé pohledy klesají níže
jako klasy pošlapané při chůzi.

Vybledlé myšlenky zesnuly
před zvukem tvých kroků;
vím, že jako snopy
jsem zralá a vřelá.

Sevři snop do náručí! Chtěl by v ní shořet;
kolem úst a ramenou jako vroucí,
krvavě rudé růže pro tebe kvetou.

Slunce spaluje,
ještě nikdy jsem takto netrpěla;
má krev pěje červené písně
slyším Tvůj krok!

Temná ulice

Již brzy budu stát před branou,
... se zavřenýma očima... a slepá moc
mi ze dvou cest ukáže jednu.

Možná budu muset jít temnou ulicí,
tou ulicí vedoucí dolů, ke smrti.

Byla jsem osamělá a zcela samotná...
daleko ode všech, pro něž jsem žila.
Kdo půjde se mnou? Život mě odvrhl!
Vy! Důvěrná vlídná slova, sladké okamžiky lásky,
vy zůstanete se mnou, to jediné, co jsem získala,
tu temnou cestu jako kvítím lemovanou,
osvítí mi noc a smrtelná osamělost!

Čtu knihu, která patřila tobě.

Na těchto stránkách spočinula tvá ruka
a otáčela list za listem.
Z těchto černých znaků vystupuje tvůj pohled
a pohlíží do mých očí, vřelý a plný života.
Tvůj dech se dotýkal těchto stránek,
cítím jej, jako bys byl vedle mě.
A lidský osud, vtěsnaný do těchto krátkých řádků,
který se mě nyní dotýká,
šel ke tvému srdci, které mi bylo tak blízké.

Ó srdce, tvé ruce, pohledy hluboce důvěrné,
jak se mě zmocňujete sakovou silou,
že já, jako bys to byl ty sám,
pokládám svou líc na chladnou knihu,
a jsem s tebou, tak jako kdysi.

Vyznání

Mnoho jsem toho řekla,
jedno jsem však nikdy nevyslovila.
Nestoudné věci, tvrdá slova
vyšla z mých rtů, jedno však jsem nevyslovila:
Ať se jakkoliv třásly mé údy,
ať se mé pohledy jakkoliv odkláněly,
neprozradím nic.
Musím se držet, zastavit pohledy, slova a chvění mého těla,
když stojím ve tvé blízkosti či
když pohlédnu do tvých očí.
Skryté uvědomění si hlubokého propojení
ve mně prýští pod tlakem a vše se kymácí,
jen tichý dotek
bourá zábrany.

Nesmím tedy polevit a přestat se skrývat
před myšlenkami, které se na mě valí.
Sama si nesmím připouštět,
že tě miluji,
úplně by mě to zničilo.

Dvanáct posvátných nocí

Ještě stále šelestí křídla nebeské lásky,
ještě stále ozařuje božský plamen temnotu...
Přítomnost tiše doznívá a mizí.
Na tábor se znovu snesla tma
a spánek se vzdouvá kolem lože.

Venku zuří zimní bouře.
Dvanáct posvátných nocí! „Drahý?" Ty však neslyšíš.
Spíš. Tajemně se houpe noc.
Jsem zachycena proudem. „Drahý"?
Ó, ne sama, ne vždy sama nechávám se unášet vírem
tajemných událostí.
Pojď se mnou!" Za oknem burácejí větry
a v krbu hučí a šumí ubíhající čas,
vzácný čas! Dvanáct posvátných nocí!
Náhle stojím klidně,
skryta uprostřed, a kolem mě
poletuje a krouží svět. Já sama jsem bez hnutí,
bez hnutí ve tvé náruči.
Pak mě přemáhá spánek.

Jízda autem

Vpřed. Uháníme vpřed. Jak dlouho ještě? A kam?
Vítr zpívá nám kolem uší,
prach nám vniká do očí.
Uháníme.
Podivný šum nás oblažuje a opájí.
Horký vítr se vzdouvá kolem obnažených kolen,
hladí nám ruce.
Lidské postavy, tváře, na okraji,
se míhají kolem.
Touha po blízkosti, po tichých dotecích
koleno na koleni; rameno na rameni
jak cesta tiše ubíhá.
Co je to?

Nevím už ani, kdo jsi ... ten vedle mě.
Cizí člověk? Nebo jsi již dávno mým bratrem?
Dala nás dohromady teprve společná jízda vozem?
Copak se mé srdce již dávno nekloní k tvému?
Nehledím však na tebe.
Chci jen cítit, že sedíš vedle mě
a že se zlehka dotýkáme.
Chci jen vědět, že jedeme oba toutéž cestou
a že máme stejný cíl: před námi
se třpytí pod jasným nebem zlatavý průsmyk ubíhající do
večerní tmy.

Renate Hampel-Faltis, Chauffeur Wichtrei

Jinak

Když zpívám, můj zpěv zní teskně a nejistě,
jinak, než bych chtěla.
Když hovořím, má slova zní slabě a nezvučně,
jinak, než bych chtěla.
Když tančím, mé nohy se pohybují ztěžka, jinak než
můj prchavý a lehký smysl cítí.
Když kloužu po ledu, nejsem tak hbitá,
jak by chtělo a dokázalo mé tělo, být rychlá a lehká jako
pírko.
Když ale miluji, pak miluji tak,
jak musím, jak chci, podle toho, jaká jsem.
A ty to víš!

Očista

Vyšla jsem z vlastního domu.
Dveře se zavřely.
Teď jsem uprostřed noci, sama a cizí.
Stromy, zvuky a hvězdy
kolem sebe jen tuším, jak dříve.
Kolem mě vyrostly stromy, zakryly mi výhled
na nebe a louky.
Obklopily mě lidské hlasy a gesta.
Teď stojím zcela sama...
Zvuk a obraz se ztrácejí, jen tělo zůstává.
Chci volat, chci slyšet odpověď,
hlas mi však zalepil dusivý kouř,
těžký jed pronikl mi do očí i do srdce! (muži)
Vše je znečištěno a pošlapáno
soužitím s lidmi
.
Mí bratři: rostlinám a zvířatům
již nerozumím.

Teď však musím jít pro pokání a očistu,
daleko od lidí, a znovu nalézt dveře do mého domu,
a znovu se pak vrátit k Bohu a světu!

Trnová koruna

Nebyl to věneček z květin, byla to koruna
z trní, ó můj Bože, kterou jsi položil na čelo
a kolem spánků svému dítěti!
Díky tvé milosti však dospěla až ke mně.
Věneček z květin uvadá, jeho vůně se rozplývá,
to jsou známky pomíjivosti
pozemských statků.
Trnová koruna však nepomíjí a nadále zdobí
hlavu smrtelníka a nad proměnou se vznáší
nejhlubší bolest, prchavý pocit.

Děkuji ti, můj Bože! A jestli jsem často upadala
do zoufalství ve své zbabělosti a utrpení,
odpusť mi! Nikdy nezazní postesknutí
z mých rtů, že trnová koruna
mi získala místo u tvých nohou.

Hermine Faltis, Johanna Faltis, geb. Hoser, Fritz Faltis, Hans Faltis, (v.l.)

Tušení

Někdy bych se mohla vzchopit...
lehké závoje jen tlumí zpěv podivných sil,
které mnou hýbou, které mě nesou a nechávají znít,
a zahalují smysl zmateného kroku.
Až na dosah ruky ke mně přistupují vzdálené, neznámé
postavy.
Teď, teď!
      Další trápení kvůli odpadnutí,
zaplavené každodenností, zvukem zavírajících se dveří a
slovy.
Není to snad, jako by mě někdo volal?

Naslouchajíce skrz udušená zřídla,
zahání bludný sen konečného uchopení,
otřese mou jistotou světa dozrávání
a velkého světle-temného
světa pravdy, světa hloubky!

Odevzdanost

Možná je falešné vše to, co chci.
To, oč usiluji, je příliš nízké, můj cíl příliš blízký,
že vše, než toho dosáhnu, se mi rozpadne,
že nedokážu udržet nic, co jsem vídala v dáli
jako cíl, kolem něhož se vine můj obětní věneček.
Možná je falešné vše to, po čem toužím;
nikdy nepřestanu být přesvědčena,
že je dobré vše to, co se mi přihází!
I když nerozumím smyslu utrpení,
nebudu si myslet, že se mi ztrácí cíl mé cesty,
nýbrž si budu říkat: Mylné je jen to, co chci,
a to, co jsem našla, je ten pravý cíl,
 tak mi vždy připadne jen to, co mi patří
a chci ukonejšit svou duši, abych žila opravdově,
tomu, kdo se strachuje, nebude nikdy dopřáno dosáhnout
toho, po čem toužil.
Tato odevzdanost uklidňuje mé srdce.

Útěcha v těžkých chvílích

Nerozumíš krásnému světu,
neboť tvůj zrak je zakalen,
a štěstí a radost nejsou opravdové.
Tvůj vlastní osud tě oslepuje.

Každý okamžik je hluboký tak,
jak hluboce jej ty sám dokážeš uchopit a vnímat;
utrpení, které tě obklopuje, je jen tak hluboké,
jak hluboko do něj ty sám vnoříš hlavu!

Pohleď vzhůru: všude kolem tebe je širý, hluboký svět!
Ponoř se do života, zvedni se!
Zlatá hvězdokupa štěstí
padne do tvých otevřených rukou,
   žhne a září.
A čas plyne bez konce.
Tvé srdce v krvi světa vnímá
zvuk věčnosti!

Most

Nade mnou hřmí osud,
pode mnou proudí dění...
a já, rozepjatá mezi oběma,
jako luk života.

Z Bytí, temné země,
vzhůru do vyšších sfér
stoupám!
Světlem zahalena, ke slunci vytržená
cítím tíhu mého původu.
Tíhu mých údů.
To samotné pnutí, které mě drží
a nese mezi těmito póly:
a nutí mě klesat dolů!
V klouzajícím oblouku, s vhledem a moudrým omezením se,
vzhůru až k prameni síly, k zemi!

Přese mě, přes mou cestu,
kráčí bytost mezi nebem a zemí,
mezi světlem a tmou,
formovaný duch, duše spjatá se zemí,
po věčném mostě.
Nade mnou hřmí osud,
pode mnou proudí dění,
a já rozepjatá mezi oběma,
jsem živoucím obloukem.

K vyšším sférám

Že jsem navždy tvá, to slibuji!
A přece v boji o sebe sama často prohrávám!
Jak často jsem získala něčí přízeň a lásku,
a přece... v hloubi duše jsem vždy byla jen tvá,
protože pohleď, tak jako v poháru květy,
jako píseň v ptačím hrdle, tak i já spočívám ve tvé dobrotě;
vyčerpávám ji,
a přece nejsem nikdy jiná než v tobě.

A přece se mi zdá, že jsem tě ztratila.
setkávali jsme se vždy na nové louce,
jako když z předchozí své již mrtvé podoby, z níž se
vysvlékl,
vzlétne motýl opět vzhůru, tak i my stoupáme k vyšším
sférám.

A vždy, když se do tebe znovu pohroužila
(Tak jako se vlna noří do moře a splyne s ním)
cítila jsem: kvůli odloučení od tebe cítila jsme se velmi těžce
a všechny ostatní vztahy a vazby se mi zdály povrchní a
prázdné.
Čím více jsem utíkala ze šíleného světa,
do světa jasného, do vysokých hlubin,
tím víc jsi mě získával, a já tebe získala.
Nejasnost, pochyby pozvolna odplynuly.

Modlitba

Již kdysi kolem mě vál strašný vichr,
kdysi...
Avšak tenkrát ještě nebyla zralá a dostatečně připravena
mateřská půda.
Tušíce, třesouce se, v očekávání
volala jsem a prosila o milost:
Pane! Strašný vichr, teplý a vše naplňující déšť
sešli tvé půdě! Řekni:
„Plodonosná země, budiž požehnána!"

Matčiny myšlenky

Zvonivě po kapkách plyne čas na mých hodinách,
pokojem prochází zlatá sluneční stopa,
květiny kvetou na mém stole,
jiné zas vadnou, a ještě včera byly čerstvé.

Malé lidské poupě, mé milé dítě,
jak hluboce jsme oba spolu spjati i provázáni
se sluncem putujeme, a květy vykvetou
                            a uvadají,
dodnes cítím, jak se náš dech vzájemně prolíná,
tvé poupě však s každým okamžikem
kvete a přiklání se k životu,
a zatímco čas nezadržitelně uhání,
pozvolna uvadá pozemský matčin šat.

Gertie und Dulla

Letní blaženosti

Znovu, ty drsné, studené vichry běsní v noci, a krátký den
naplní pláčem, znovu vane mírný
vánek. Jen v létě leželo
modré oko nebes, tak plné světla
jako dnes! Chybí jen jasný skřivánčí zpěv.
Ten stříbřitý zvuk, kterým bříza hovoří
a šeptá, jako sladký zvuk máje,
bílé obláčky nejsou v létě

tak lehké jako tyto. Potají však proniklo
těžké zlato do všech barev,
proudí skrz stromy, září v kupolích bíle

a jasně: v širokých, světélkujících modrých snopech
proniká nebe touto nádherou.
Z listí, jenž rudě zbarvené na zemi zhynulo,

stoupá teď závan plísně. Zima již není daleko.

Podzimní plameny

Nyní již podzim ty tiché krásné
hluboké modré oči konečně zavřel.
Ještě je vidět svit rozpálených letních dnů
v něm, avšak ve vzduchu, v jeho jasném předivu
je již cítit něco cizího. Nikdy ještě nebyly
barvy teplejší. Gladioly nesou
na svém meči květ lásky. Vypovídají
rudé okvětní lístky, které padají dolů,

něco o umírání? Stále krásněji zrají
a naplněnější jsou všechny hodiny.
Vážky se třpytí, a jako stříbro vanou

do temné modři stromů. Větry zachvátí a odnášejí
poslední motýly, které ještě najdou,
a vše hoří, jako by mělo pominout.

Podzimní spočinutí

Ó, ty dny, kdy vše tiše dohořívá a dohasíná!
Větry se již unavily neustálým váním,
slunce již rozlilo všechnu svou zář.
Příroda již nevře, vytratila se touha a růst.
Vzduty do zlatavé plnosti pronikavých květů,
všechny potoky se shromáždily do proudu,
který zeširoka na plodné rovině se třpytí:
teď, jedním mávnutím křídla:
Zastavit, stát!
Konečně ses zastavil k odpočinku a dumáš.
Co bude? Co bylo? Ne! Jen přítomnost.
Dříve než zimní bouře poslední barvy k zemi strhnou
a závoj utkaný z mlh a dešťů
zatáhnou před pozemskými božími zahradami.

Večer

Večerní zvony s sebou zvolna odnášejí den
každým svým úderem do cizích dálek.
Na východě se již zvedá modravá noc,
vichry natahují široký koberec.
Nebe ztemnělo, šíří se a stoupá;
bílá oblaka se rozpouštějí ve vůni
a náhle na obloze rozkvétají hvězdy jedna za druhou,
vzduch se však rozechvívá cvrkáním cvrčků.

Hlasité dozvuky dne pomalu utichají.
Zpozdilé vozidlo vrzavě se blíží k obci,
ozývá se tichý psí štěkot.
Zlatavé světlo měsíce klouže po
temném lese.

Uticháš i ty a zanecháš neustálého snažení,
spletité bytí jasně nabývá tvaru.
Pln klidu se zaobluje chrám srdce,
v tichých vlnách proudí pouze proud
krve. V něm se jako hvězdy lesknou
čistota duše a klid. Jsi mírný a tvá duše bohatá.

Každou noc

Klid. Teď zhasnu lampu
a loďka po hladině klouže k tobě ke vzdálenému břehu.
Spím.
Svůj člun jsem zakotvila ve tvé zahradě,
a své srdce vložila do tvých rukou.
Nic víc.
Každou noc tak sen mírní mé tužby
a korunuje tak můj spánek.

Tennisspiel im Schlosspark Wekelsdorf stehend von links: unbekannte
Person, Jutta Faltis, unbekannte Person, Schwester Gertie und Fritz Faltis
jun.., unbek. Person

V tiché loďce na širém nočním jezeře

Rudý lampion připevnila jsem na loďku
a vyrazila do noci.
Po vodě pluje tentýž zlatý odraz lampy,
 vlny klepou na stěnu loďky,
vítr na věky fouká nad vodou, navždy
a rákos šumí a šumí.
Léto si šumí, zatímco já sním
zatímco má loďka od břehu do dáli se žene
na černých vlnách do širé noci....

Temný mrak polyká bledý měsíc,
zima tak dopíjí poslední letní zlato,
můj sen dopíjí jasný život
dávno jsem se vzdálila světu přátel
v tiché loďce na širém nočním jezeře.

Sapfické strofy

Stříbřitá je noc a hvězdy svítí
do dáli v chladném světle. Ach, chtěla jsem plakat,
neboť se mi jasný sen rozplynul
a nic již pro mě nesvítí.

*Ch*ladně pohybuje vítr mými odhalenými vlasy
a já cítím, jak hluboký, nádherný
klid této noci tiší můj bol
a osvobozuje mě.

Johann Faltis, der Firmenbegründer aus Königinnenhof, mein
Urururgroßvater.

Domov

Stojíš o dlouhé noci u tichého moře
a hledíš. Ostře duje vítr a těžký bouřkový mrak
zhasíná zlatou svíci měsíce,
a volám: Domove, domove! volá tvé temné srdce.

Copak není domov utkán z tisíce jisker?
Ze slavnostního zvuku, který v sobě skrývá ztracené kouzlo,
z vln narážejících na sluncem zalité pobřeží,
z táhnoucích mraků, z bodláku v písku?
Z jasného nezkaleného dětského oka?
Často slovo odkryje světlý závoj,
který tvůj domov zakrývá v běhu všedního dne.

Zaznívají melodie, o nichž jsme si mysleli, že již utichly,
vytrysknou prameny, o nichž jsme si mysleli, že již vyschly,
Pohleď, tvá duše stoupá ze svého hrobu,
otevírají se zrezivělé mříže jejího žaláře,
a ona sbírá tisíce střepů zrcadla,
v jejichž lesku ti Bůh daroval domov!

Na vzdálenější straně břehu

jako choroba, kterou do dalekých chladných
zemí nese nás, polapené,
zběsilého života proud: Volání a pocit,
nechává nás netknuté, a lehký závoj zakrývá
naše jasné vědomí a cítění....
tak nás podzim uvrhl do klatby.
Není to, jako bychom byly uzdraveny,
vytrženi ze života, léta, povrchnosti?
Mimo dosah dozvuků bolesti
sní naše srdce hluboký sen v nádherné
nebeské modři. Vše zaplavuje žlutý oheň.

Nevědouce již nic o někdejších bolestivých křečích,
připadáme si, jako bychom za dlouhých nocí
byli nyní neseni širokým proudem,
jako bychom již na bouře a vášně více nemysleli.

Není utišena mladistvá síla srdce
zde u tichého břehu? Z hlubokých jam
prýštila kdysi mladosti hořkosladká míza.
Jak je to nyní daleko! Nyní panuje blahodárné ticho,
podzim a pomalé zrání, ztišení nám nezpůsobuje
trápení, které často srdce souží.

Ticho noci

Snesla se měsíčná noc. Utichly všechny hlasy
a nade vším přede stříbřitý svit
své mírné a vlídné světlo. Objevují se třpytivé hvězdy
na nebi, a v černém větvoví
tiše šumí vítr a plete si věnec
ze zlatavého listí. Zakrývajíce všechen bol

zahalila mě tato bílá měsíčná noc.
Zvuky lehkých úderů hodin na věži doléhají
sem ze vsi, zasněné a zahalené temnou nocí.
Po čem jsem toužila, se náhle zcela vyplnilo, tužba
uzavřena jako kruh, a odnikud
již ke mně nedoléhá žádný hlas, který by ve mně
rozdmýchal další přání.

Velký šum

V pozdní večer šumí stále před domem
sekáčova kosa v trávě,
šumí jako proud, a odděluje život od života.

A v noci šumí vítr v temných korunách stromů,
mávání křídel nočního ptáka lehce hladí temným
zvukem
čelo pastýře.
Ránem táhne hejno tažných ptáků
v šedavém vzduchu s šelestem křídel do světla.

Po celé dny a noci narůstá šum
kolem našeho domu, jak voda proudí.

Tímto šumem obklopen proudí
život dolů, k temným pramenům.
Chce se nám stát a volat. Avšak ten šum
přehluší všechno volání i odpovědi. Prázdné zůstávají srdce
i
                                                        život,
až se nakonec hruď tomuto šumu otevře
a opakuje věčný zpěv.

Poprvé jsou k dispozici romantické básně české lyričky Gertie Hampel-Faltis v němčině a v češtině.

Obohacením o dosud nezveřejněné fotografie ze soukromého vlastnictví rodiny tak lze pochopit život spisovatelky ze skalního města Teplice nad Metují.

S českým překladem tak jsou cíleně osloveni české čtenářky a čtenáři, kteří se zajímají o historii místa, protože bývalé rakousko-uherské skalní město Teplice nad Metují leží v České republice a dnešní obyvatelky a obyvatelé města prostě hovoří česky.